Hurieh Khodaei

Globalização, invasão ou envolvimento com a cultura das nações

AF666140

Hurieh Khodaei

Globalização, invasão ou envolvimento com a cultura das nações

ScienciaScripts

Imprint
Any brand names and product names mentioned in this book are subject to trademark, brand or patent protection and are trademarks or registered trademarks of their respective holders. The use of brand names, product names, common names, trade names, product descriptions etc. even without a particular marking in this work is in no way to be construed to mean that such names may be regarded as unrestricted in respect of trademark and brand protection legislation and could thus be used by anyone.

Cover image: www.ingimage.com

This book is a translation from the original published under ISBN 978-620-2-02385-6.

Publisher:
Sciencia Scripts
is a trademark of
Dodo Books Indian Ocean Ltd. and OmniScriptum S.R.L publishing group

120 High Road, East Finchley, London, N2 9ED, United Kingdom
Str. Armeneasca 28/1, office 1, Chisinau MD-2012, Republic of Moldova, Europe
Printed at: see last page
ISBN: 978-620-7-74467-1

Copyright © Hurieh Khodaei
Copyright © 2024 Dodo Books Indian Ocean Ltd. and OmniScriptum S.R.L publishing group

Introdução

A cultura é considerada a maior expressão do comportamento das sociedades humanas, que está intimamente ligada à identidade individual e nacional dos indivíduos, e as pessoas não estão facilmente dispostas a perder a sua identidade. No mundo atual, com o crescimento e a expansão das comunicações, as culturas de diferentes nações estão a misturar-se. Neste contexto, a globalização da cultura tem implicações importantes para a crescente homogeneidade e unidade das nações, a transferência de uma cultura universal e uma forma de interação interpessoal.

No que respeita à globalização cultural, há quem considere que a convergência dos comportamentos e dos valores das sociedades é inevitável, mas que a diversidade cultural no mundo também é vista como permanente. Na sua opinião, apesar da crescente pressão dos meios de comunicação social para a normalização cultural e a imposição de uma "cultura global", as nações são capazes de preservar a sua identidade e os seus direitos culturais, compreendendo e aceitando os seus valores e identidades culturais.

Outros acreditam que as culturas autóctones e locais são prejudicadas pelo aparecimento de uma cultura universal diferente da anterior e que o declínio das culturas autóctones leva ao declínio das identidades e tradições e, consequentemente, ao colapso da estrutura social das comunidades. Acreditam que as culturas poderosas tentam conquistar outras culturas de uma forma agressiva, silenciosa e inteligente, utilizando a tecnologia e os meios de comunicação, e interpretam o processo de superação da cultura agressiva noutras culturas como invasão cultural.

Nesta invasão, as novas crenças substituem a verdadeira cultura nacional e as crenças das nações, alteram a cultura comum das nações e impõem a sua cultura distorcendo os valores e o comportamento das nações. Esta é uma forma moderna de ganhar o ritmo económico, político e cultural dos países a favor da cultura invasora.

Hoje em dia, dado o desenvolvimento intelectual e a consciência geral das nações do mundo, o domínio e a apropriação das colónias por meios militares já não é facilmente possível. Por isso, as políticas culturais procuram assegurar a esfera de influência e a decomposição das culturas através da representação progressiva dos valores culturais do invasor e da sua substituição pelos padrões autóctones e nacionais das nações, de modo a facilitar o acesso da cultura invasora aos recursos económicos, políticos e até humanos que, em resultado desta pilhagem cultural, privam os valores espirituais e culturais das comunidades.

A invasão da cultura das nações está intimamente relacionada com a natureza da globalização. Neste contexto, há muitos debates profissionais sobre a verdadeira ou falsa natureza do fenómeno da globalização e sobre a possibilidade de preservar a cultura autóctone ou a transformação e morte cultural das nações na via da globalização.

Embora a internacionalização seja muito importante para o papel dos governos e dos países, no caminho da globalização no seu verdadeiro sentido, os sistemas de governo dos países também são destruídos e a sua independência está exposta ao colapso. É claro que a internacionalização ainda não se transformou em globalização e que esta fase da globalização ainda não é praticável, mas temos de aceitar o facto de que os problemas e desafios crescentes das nacionalidades não seguem as regras das fronteiras internas e que os movimentos que se formaram como anti-globalização se transformaram num movimento a favor da globalização.

A experiência das últimas décadas demonstrou que a coordenação e a cooperação internacionais constituem uma boa base para o avanço de projectos científicos, industriais, económicos, ambientais e outros, e na era da comunicação e da informação, da tecnologia e da política, existe uma relação inseparável e inevitável. O intercâmbio e a interação científica e tecnológica são indispensáveis, mas este trabalho é também de âmbito internacional, e não há necessidade de uma globalização agressiva. Esta conduz a grandes crises culturais e obriga as culturas tradicionais a resistirem e até a entrarem em polémica.

A globalização, que é moldada pela passagem do tempo e do espaço, da história, da geografia e das fronteiras nacionais, confrontou as civilizações com estrangulamentos e crises profundas ao enfraquecer os dois factores da cultura e da identidade. A supressão do tempo e do lugar da cultura e da história das civilizações e das fronteiras geográficas de uma nação significa a supressão da sua memória colectiva e das suas identidades, o que, em última análise, conduz a uma crise de identidade ou à ausência de rosto nas sociedades humanas. A possibilidade de as nações se voltarem para as suas tradições para escapar à anestesia e ao colapso da personalidade aumentou, e mesmo as tradições culturais mais primitivas podem ser recuperadas. Este tipo de desenvolvimento cultural na arena global desafia todas as tradições culturais.

Quando se fala de cultura e da necessidade de preservar rituais e tradições, as mentes centram-se frequentemente em pequenos casos e questões que têm um impacto limitado. No entanto, este facto não deve diminuir a importância do tema para a intelligentsia e a comunidade intelectual.

Infelizmente, temos de partir do princípio de que a frente alargada atacou as raízes da identidade e da cultura com os instrumentos eficazes e eficientes da ciência, da tecnologia e da comunicação e com um planeamento preciso e, se não for enfrentada com métodos inteligentes e ponderados, destruirá os valores culturais e as identidades humanas. Temos de considerar o perigo do colapso da cultura tradicional da nossa sociedade como um problema real e verdadeiro. Com efeito, a influência do influxo cultural estrangeiro nas tradições e nos costumes da comunidade sobre as tradições e a cultura das nações tem consequências irreparáveis.

Capítulo 1: Compreender o conceito de cultura e de globalização

O conceito de cultura

[1]A palavra cultura significa literacia, educação, conhecimento, ciência, conhecimento e costumes, e no termo, em várias enciclopédias, literacia significa intelecto, conhecimento, grandeza, sabedoria, arte, ciência e conhecimento. Na ciência, a cultura é utilizada como o sinal intelectual do crescimento e do desenvolvimento de uma sociedade. Neste sentido, a cultura é uma qualidade que uma comunidade adquire à medida que se eleva.

A cultura é um meio geralmente justificado numa sociedade para satisfazer necessidades reais ou irreais com que as pessoas vivem. Embora as culturas sejam criadas através da interação com os indivíduos, isso não significa que sejam fáceis de combinar.

[2]Nalgumas enciclopédias, as raízes da cultura encontram-se no cultivo, na terra e na criação, ou seja, a transformação e o crescimento estão incluídos no seu significado; por conseguinte, a cultura significa o crescimento dos indivíduos e da comunidade humana; este termo foi transformado num elemento do que é socialmente derivado como um conjunto de conhecimentos, crenças, arte, religião, ética, direitos, costumes e a capacidade de cada pessoa se tornar membro de uma determinada sociedade.

Em 1871, Edward Taylor definiu a cultura como uma totalidade complexa de conhecimentos, crenças, arte, regras, moral, hábitos e tudo o que o indivíduo adopta enquanto membro de uma comunidade da sua própria sociedade. [3]Esta definição é conhecida como uma definição abrangente e acessível. A cultura é a forma comum de viver, pensar e agir das pessoas numa sociedade e é transmitida à geração seguinte através da educação; ao contrário da genética, que é transmitida através da hereditariedade.

Uma cultura rica é composta por três partes fundamentais:

A) Cognição, crenças e um conjunto comum de ideias e realizações.

(B) Valores e tendências que correspondem ao contexto inato, inventivo, económico e geográfico.

(C) [4]Comportamentos e acções para superar as necessidades sociais e políticas

---

[1] Moen Encyclopaedia, Cultura

[2] Harper, Douglas, Dicionário Online 2001

[3] Raulamini, Mahmoud (1394), The Context of Cultural Studies in Cultural Anthropology and Anthropology, Teerão, Attar Publishing.

[4]Mesbah Yazdi Mohammad Taghi (2002), Cultural Invasion, Researcher Abdul Jouvad Ebrahimi, Vol. 8, Qom, Imam Khomeini Educational and Research Institute, p. 71.

que envolvem o ambiente .

A cultura tende a ser permanente, pelo que é muito difícil de mudar e depara-se frequentemente com uma oposição e resistência extremas. Por isso, todas as culturas mudam lenta e gradualmente.

Em contraste com a cultura, bárbaro significa os comportamentos com os quais a sociedade interage, mas que não são cultura. Como o clima, o tempo, o gene, os acontecimentos, a existência ou ausência de recursos naturais, as tradições divinas, as doenças e...

Existem cerca de duzentas definições de cultura na literatura europeia, o que indica a importância da cultura nestas sociedades. Os autores analisaram a cultura de várias perspectivas, incluindo a social, a religiosa e até a económica, e concluíram que a cultura tem um impacto em todos os aspectos da vida humana. Em 1952, Alfred Kroeber e Clyde Kluckhohn resumiram 164 definições de cultura no seu livro *Culture: A Critical Review of Concepts and Definition,* afirmando que a cultura conduz frequentemente a três impressões principais:

1. A mais alta virtude nas artes plásticas e nos assuntos humanos, também conhecida como alta cultura.

2. Um padrão integrado de conhecimentos, crenças e comportamento humano que depende da capacidade intelectual e da aprendizagem social simbólica.

3. [5]Um conjunto de tendências, valores, objectivos e acções que definem uma instituição, uma organização e um grupo.

O conceito de interação cultural

Deve ser considerada a diferença entre intercâmbio cultural e interação com a invasão cultural. O intercâmbio cultural é uma relação razoável e correcta entre culturas que pode ser útil para promover os valores humanos e melhorar a vida humana. O intercâmbio cultural é uma cultura produtiva e construtiva que transmite conscientemente os mesmos factos sobre necessidades, valores e beleza e outras formas decentes de vida humana. [6]Ao transmitir elementos culturais como a ciência, a arte dos valores e a ética moral elevada, esta categoria permitirá que todos os povos do mundo beneficiem da experiência dos conhecimentos e das crenças uns dos outros e não precisem de testar incorretamente os métodos experimentados e testados.

O intercâmbio cultural promove o crescimento da cultura das nações. Não serve para impor, destruir ou abandonar a cultura, mas persegue objectivos exclusivamente construtivos e interactivos. Nenhuma nação está dependente da

---

[5] Alfred Kroeber, Clyde Kluckhohn (1952), uma análise crítica dos conceitos e definições de cultura.

[6]Jafari Mohammad Taghi, (2000), The Culture of Victory and the Culture of Leadership, Teerão, Instituto para a Formulação e Trabalhos do Servant Majlisi, p. 205.

aprendizagem com outras nações em todos os domínios, nem mesmo em questões culturais. As nações trocam e influenciam-se mutuamente em termos de modo de vida, costumes, ciência, vestuário, tradições, língua e educação, e este é um dos mais importantes intercâmbios entre nações, que constitui a base para o desenvolvimento do intercâmbio e da pertença internacional. É uma interação cultural que, respeitando as diferenças, permite o espetro mais amplo possível de culturas diferentes e fornece uma boa base para a reconstrução e revitalização das culturas.

Os efeitos da interação são:

1. A interação entre as elites intelectuais das sociedades é simples e cómoda.

2. Promove o desenvolvimento cultural nas sociedades, porque a cultura se desenvolve a partir da incorporação e da interação e, uma vez que as culturas trocam pontos comuns e utilizam diferenças culturais positivas durante a incorporação, isto conduz à evolução cultural.

3. Conduz ao crescimento e ao desenvolvimento dos recursos humanos. Alguns países desenvolveram fortes recursos humanos em resultado do progresso científico e tecnológico, enquanto outros estão ainda na fase inicial deste desenvolvimento científico. O empenhamento destes países leva as nações com recursos humanos mais fracos a utilizar a experiência e as competências dos países avançados para continuar a desenvolver os seus recursos humanos.

4. Reforça as identidades indígenas dos países, uma vez que a identidade é construída em comparação com outras e a interação e o intercâmbio conduzem a uma aproximação entre nações.

A transferência e o intercâmbio de cultura é uma das questões biológicas mais importantes do mundo atual. Esta interação pode ocorrer através de pessoas que não têm uma língua comum e, por vezes, através da utilização de meios de comunicação escritos, imprensa e livros, meios virtuais, exposições de obras culturais e artísticas, etc., que não têm um tempo ou período comum.

É de notar que as culturas são uma mistura de trocas e de comércio. É um elemento importante para o sucesso de uma cultura e de uma cultura de "abertura cultural", juntamente com o desejo e a capacidade de atrair e harmonizar outras culturas no seio da sua própria cultura.

Uma civilização que resiste a mudanças na relação entre cultura e desenvolvimento não sofre os efeitos de outras culturas. A abertura cultural e a atração de ideias do exterior devem naturalmente tomar a forma de uma cultura própria e de acordo com as exigências culturais internas. O antropólogo francês Claudlove Strous chama a isto o princípio da culturalização e da adaptação das ideias.

Se utilizarmos as ideias que recebemos através da abertura cultural sem as mudarmos e sem as harmonizarmos com a nossa cultura, ficaremos dependentes da tecnologia e da civilização e teremos muitos problemas no contexto cultural, económico, social e político, porque a cultura e as suas mudanças afectam toda a comunidade.

Estabelecer um quadro cultural para aceitar ou rejeitar ideias e inovações importadas pode ser uma boa forma de participar em interacções culturais, porque as interacções podem ser tão perigosas como benéficas. A abertura cultural pode levar à invasão cultural.

Os seguintes factores devem ser tidos em conta na interação cultural:

Construção de modelos

Na interação cívica e técnica, a simples adoção de um modelo não pode ser uma boa solução para o desenvolvimento cívico, mas, a este respeito, a reinvenção é essencial e garante que as interacções cívicas e culturais desempenham o seu verdadeiro papel. Reinventar significa retirar os padrões importados do crivo da identidade cultural e do sistema de valores da comunidade. A aplicação da metodologia e dos mecanismos dos países desenvolvidos e a modelação sem quaisquer alterações, com a convicção de que são universais, falharão devido à incompatibilidade dos padrões importados com as tradições e os valores culturais.

Tendo em conta o crescimento económico e a internalização do desenvolvimento

Para se chegar a uma grande civilização, é necessário desenvolver o desenvolvimento endógeno. A abordagem de internalização pressupõe que, em primeiro lugar, se tenha em conta o contexto cultural-social que constitui a base do desenvolvimento e, em segundo lugar, que se tenham em conta as condições relacionadas com a cultura em questão e que se tenham em conta as necessidades reais das pessoas. Na maior parte dos casos, o desenvolvimento depende do potencial criativo, dos valores e do talento potencial das pessoas, bem como das diferentes expressões culturais, pelo que, no desenvolvimento endógeno, as pessoas desempenham um papel essencial no desenvolvimento e na produção da sua própria tecnologia e são criadas as condições para que o talento e a criatividade floresçam na sociedade.

Desta forma, garante-se a integridade das estruturas de desenvolvimento e socioculturais e elimina-se a dependência da tecnologia estrangeira.

Mudanças nas estruturas em relação ao quadro cultural

Todo o desenvolvimento requer mudança. Para que esta mudança seja bem sucedida, tem de vir de dentro da comunidade e de forças internas. Para o planeamento cultural no desenvolvimento, os criadores do programa devem estar bem cientes dos valores, tradições e crenças da comunidade e o impacto das mudanças deve ser cuidadosamente avaliado na comunidade para avaliar o impacto e a taxa de sucesso em várias dimensões. A utilização excessiva de modelos estrangeiros leva a esquecer a criatividade cultural autóctone e a deixá-la intocada, conduzindo à dependência e à eventual eliminação da civilização e da cultura.

O conceito de invasão cultural

[7]Uma invasão cultural significa que uma sociedade tenta impor a sua cultura a outra sociedade com objectos específicos e ocultos, que tem uma cultura particular por natureza, ou provoca algum tipo de transformação na cultura dessa sociedade. Em termos simples, a invasão significa uma tentativa de alguns de dirigir e orientar o processo de globalização.

[8]É uma invasão misteriosa, calculada, combinada com um planeamento preciso, usando métodos, ferramentas, tecnologias modernas, várias formas de afrouxar as crenças, transformar valores, desviar o pensamento, mudar os costumes, cativar e finalmente destruir os princípios éticos que regem uma sociedade, através de uma instituição política ou económica ou cultural e cumprindo os seus objectivos específicos, danificou as bases culturais das nações e trouxe novas crenças para o país em vez das crenças nacionais calmas. Hoje, vemos que alguns sistemas egoístas têm como alvo o amor e o afeto, o ideal mais elevado e a cultura genuína da nação e gastam biliões para atingir os seus objectivos, a fim de impor a humilhação às nações, expulsar o amor e o afeto dos seus corações e remover os ensinamentos humanos das suas mentes.

O objetivo desta invasão é erradicar o pensamento, a mentalidade, a cultura e o desenvolvimento das sociedades nacionais e autênticas e minar a personalidade humana, impondo-lhe um medo constante e introduzindo os seus princípios intelectuais; consequentemente, isto leva à perda do eu e dos fundamentos intelectuais e morais genuínos e das sociedades nacionais. No fundo, esta invasão provoca mudanças na sociedade e, em muitos casos, uma invasão militar não é necessária com o sucesso do bode expiatório cultural.

A evolução atual do sistema internacional demonstrou que as potências hegemónicas já não são capazes de conquistar as capacidades militares dos países, pelo que procuram complementar as suas actividades; assim, para além da NATO militar, que se centra na abordagem da ameaça e da militarização, procuram delinear uma NATO cultural que, com o objetivo de dominação cultural, empurra as nações do mundo para a degeneração cultural e a degradação da identidade. O desafio é uma batalha profunda no domínio das cognições e das crenças, depois na mudança de valores e atitudes e, finalmente, na mudança de comportamentos e acções. Esta estratégia será muito mais séria do que uma invasão militar de países.

---

[7] Mesbah Yazdi Mohammad Taghi (2002), Cultural Invasion, investigação e autor Abdul Jouvad Ebrahimi, vol. 8, Qom, Imam Khomeini Institute of Education and Research, p. 71.

[8] Yazdinezhad Zahra (2008), Cultural NATO, Basij Journalists Collection, Teerão, Khorshid Baran Publishing House, Teerão, p. 142.

A guerra cultural não é um fenómeno novo, mas tem uma longa história; todas as guerras históricas são, na verdade, guerras económicas ou guerras culturais. A leitura da história de profetas como Noé, Abraão, Moisés, Jesus, Lot, Hood, Shoaib, Saleh ... confirma o facto de que a luta dos profetas das várias religiões divinas contra as manifestações de prepotência ao longo da história foi, na realidade, a luta de duas culturas, por um lado a cultura do missionário e do propagador da crença na liberdade e na libertação do homem e na criação da justiça no mundo e, por outro lado, a cultura da defesa da escravatura e da desigualdade humana.

O conceito de globalização

A globalização pode ser vista como um processo em que as fronteiras económicas entre países se tornam cada vez mais pequenas e a crescente mobilidade de recursos, tecnologia, bens, serviços, capital e mesmo mão de obra através das fronteiras é fácil de gerir, conduzindo a uma maior comunicação, produção e consumo dentro dos países.

O curso de várias e complicadas mudanças culturais, políticas, económicas e outras que acompanharam o advento das tecnologias da informação e da comunicação ligaram indivíduos e nações de todo o mundo e criaram um novo modo de vida com todas as suas dimensões e valores. Para compreender o que se está a passar e explicar as mudanças que se seguirão, os académicos recorreram a várias interpretações, entre as quais o termo "cosmopolita" ganhou destaque.

"Cosmopolita" é um sentimento de libertação dos constrangimentos e preconceitos nacionais. Cidadania global significa ter uma opinião cultural na qual a responsabilidade global é reconhecida e apenas o consenso universal no mundo é reconhecido. O homem é considerado em todos os momentos, livre de filiações culturais e como um voluntário, e os valores bons ou maus não são um critério para esta aceitação, apenas a satisfação geral é um critério. O critério de satisfação geral é determinado pelas autoridades e não pelos valores morais e humanos.

No seu livro "A Careful Look at the Phenomenon of Globalisation", Scholt apresenta cinco implicações para a globalização:

1. A globalização significa internacionalização, ou seja, intercâmbio económico, comercial e cultural. Nesta perspetiva, o termo "global" é uma relação fora das fronteiras entre países e Estados, e o termo "globalização" representa o desenvolvimento do intercâmbio internacional e da interdependência.

2. Globalização significa liberalização. A eliminação das restrições que os governos têm sobre as actividades intergovernamentais com o objetivo de criar um mundo económico livre e sem fronteiras, o que equivale à emergência de uma economia de mercado livre. De acordo com este ponto de vista, a globalização significa a redução ou eliminação de barreiras

comerciais relacionadas com leis e regulamentos - restrições cambiais, controlos de capitais e de eventos.

3. Globalização significa universalização. Nesta definição, o conceito de globalização é a generalização e a integração de culturas num modelo único, no interesse de uma cultura poderosa, ou, por outras palavras, o processo de difusão das experiências e dos objectivos de uma cultura dominante a diferentes culturas do mundo. Como a fast food, os restaurantes chineses e ...
4. A globalização significa ocidentalização ou modernização. Segundo este ponto de vista, a globalização das estruturas sociais modernas, como o capitalismo, o racionalismo, o industrialismo, etc., espalha-se por todo o universo e destrói naturalmente as culturas anteriores e a autonomia local. Nesta perspetiva, o conceito de univocalismo opõe-se ao universalismo, e o caminho para a transformação conduz à unificação universal (universalização).
5. A globalização significa desterritorialização ou expansão da superdeterritorialização. Segundo esta interpretação, a globalização implica uma revisão das fronteiras, das normas, dos valores e das crenças, de modo a que o outro espaço social não seja totalmente identificado em termos de territórios, distâncias territoriais e fronteiras territoriais.

[9]Nesta perspetiva, os componentes do poder mudaram, e cada país com um nível mais elevado de conhecimento e consciência é mais poderoso.

A história da globalização

É difícil precisar o início exato da globalização; embora as ideias relativas à terra como um único lugar sejam reconhecidas nas religiões do mundo desde os séculos V e VI a.C. e no budismo e no zoroastrismo, os judeus com a sua crença na comunidade transnacional, o cristianismo e o ideal do universalismo e a religião islâmica que aceita que todas as religiões partilhem os fundamentos e desenhem um único mundo sob a bandeira do Islão.

[9]Alguns estudiosos procuram as origens e os antecedentes da globalização nas civilizações antigas, e dizem que a globalização começou quando a civilização global emergiu do antigo Egipto e da civilização suméria em 1500 a.C. O que é certo, porém, é que antes do século XIX não havia tecnologia necessária para criar esse espaço.

[10]Se a criação da tecnologia necessária para a atmosfera da globalização é o início da globalização, então o início da globalização pode ser visto no período após a revolução industrial na Europa, e talvez o início do período da modernidade e o

[9] Golmohammadi, Ahmad (2007), Globalisation, Culture-Identity, Volume 3, Teerão, Naseriny.
[10] Moayedfar, Sa'id (2003), Globalisation and Religion (Collection of Summits), Qom, Ehyagaran.

surgimento do capitalismo proporcionassem mais condições prévias para a globalização.

Podemos imaginar três períodos temporais para a globalização:

1. Consciência global: Desde há cerca de 500 anos, a humanidade tem-se concentrado no humanismo, na filosofia e no misticismo, ou seja, no hiper-realismo, e isto é uma espécie de consciência universal.

2. Os primórdios da globalização: Desde meados do século XIX, as possibilidades de emergência da globalização evoluíram gradualmente da ideia para as relações sociais, tendo sido criada a tecnologia da comunicação global, dos mercados globais, do investimento global, etc.

3. Globalização total: Desde os anos 60, a globalização evoluiu para um super-realismo e expandiu-se mais rapidamente. Embora o termo globalização tenha sido utilizado pela primeira vez para descrever a evolução dos desenvolvimentos económicos, a emergência deste termo nesta década é um processo que procura corroer as linhas divisórias do mundo e avançar gradualmente para uma espécie de homogeneidade ou harmonia nos assuntos económicos, políticos, sociais e culturais. [11]De facto, a globalização pode ser vista como uma espécie de movimento da multiplicidade de países e de tradições diferentes para a unidade no sentido de uma cultura única.

Características da globalização

1. No decurso da globalização, as actividades políticas, sociais e críticas transcendem as fronteiras nacionais e são influenciadas por elas.

2. O âmbito da interação é alargado e é criado um novo sistema global.

3. O aumento da intensidade e do âmbito da comunicação conduz a uma redução das distâncias e a uma escassez de tempo e de espaço. O aumento da comunicação cria novos problemas transnacionais que só podem ser resolvidos através da cooperação global.

4. A formação de redes interligadas que constrangem os activistas e os governos nacionais e reduzem a sua soberania e autonomia, sugerindo que o âmbito e a intensidade da comunicação criam redes unificadas entre governos e organizações internacionais, comunidades, ONG e empresas multinacionais. [12]Estas redes criam um sistema global e geram constrangimentos sistémicos para os actores estatais e não estatais dentro dos países e reduzem a sua autonomia .

---

[11] Shojaee Zand Alireza (2003), Globalisation and Religion, Methods and Challenges (coleção de artigos), Qom, Secretariado de Estudos Religiosos.

[12] Jassbi Abdullah (2002), General of Globalisation, Teerão, Bureau of Resistance Culture, p. 14; Moayedfar, Saeed (2003), Globalisation and Religion (Collection of summits), Qom, Ehyagaran, p. 16.

Os condicionalismos da globalização

A globalização está sujeita a três grandes condicionalismos.

1. A globalização implica a criação e a difusão de redes sociais cujas actividades desafiam as fronteiras geográficas, culturais, económicas e políticas tradicionais. A globalização é um sistema constituído pelos três aspectos da conetividade económica, política e cultural.
2. Existem diferentes abordagens à globalização e às suas dimensões; a melhor e mais completa é a abordagem sistémica da globalização. [13]De acordo com esta abordagem, a globalização realiza-se em todos os aspectos da vida humana, incluindo as relações pessoais e sociais (políticas, culturais e económicas) baseadas em aspectos económicos.
3. A globalização é o desenvolvimento e a expansão da interdependência nas actividades e nas relações sociais. As relações entre as nações, os governos e as instituições internacionais em geral são regulamentadas e têm um aspeto jurídico a que todos aderem. Nesta era, os países com mais poder económico têm mais capacidade de governar. As organizações internacionais utilizam esta plataforma para expandir as suas actividades. O Fundo Monetário Internacional e a UNESCO são os exemplos mais conhecidos neste domínio.
4. No decurso da globalização, as distâncias estão a tornar-se significativamente menos importantes. As relações sociais intensificam-se e aceleram-se, e a realização da aldeia global é possível graças à revolução tecnológica, à comunicação e à informação.

5. [14]A crescente confiança no ambiente internacional e a aceitação do risco e da exposição quando se interage com nações, governos e instituições; nesta era de aceitação de um certo grau de risco, de dependência de computadores e de dados digitais e de confiança nas pessoas, instituições, convenções e na história das nações, criou-se um cenário significativo para a cooperação e o envolvimento.

Dimensões da globalização

A globalização tem muitas dimensões e níveis, cinco dos quais são de natureza diferente e de particular importância;

1- Dimensão económica

Um dos objectivos fundamentais da globalização económica é a eliminação das fronteiras económicas e a abolição das barreiras jurídicas nos países, de modo a

[13] Jamali Mostafa (2003), Globalisation and Religion (a collection of articles), Teerão, Rozaneh, p. 331.

[14] Sari-Aghalam Mahmud (2005), Iran and Globalisation, Teerão, Centro de Investigação Estratégica, p. 21 e

que o dinheiro possa circular livremente. A globalização da economia é acompanhada por privatizações, liberalização do comércio, desregulamentação do comércio, reduções fiscais, minimização da supervisão governamental, rápido crescimento das empresas multinacionais, expansão dos centros financeiros mundiais, migração da mão de obra, transformação das redes de transportes e de comunicações e dependência do valor da economia do comércio de informações em vez do comércio de materiais.

Na economia global, a intensificação das relações económicas internacionais aumentou consideravelmente o volume de capital e tecnologia, o comércio de bens e capital, e os mercados estão a aumentar a sua riqueza. [15]Enormes empresas multinacionais, poderosas instituições internacionais, como o Fundo Monetário Internacional, e grandes sistemas comerciais regionais, como a União Europeia, que constituem a base de uma nova ordem económica mundial, e a liberalização da economia determinam a taxa de juro dos bancos fora do controlo do Estado e a privatização alargada dos bancos e das instituições financeiras estatais .

A Organização Mundial do Comércio é uma das organizações que defendem a globalização da economia. Criou a globalização dos mercados financeiros e a sua expansão, bem como acordos vinculativos para os países, o comércio livre e a circulação maciça de mercadorias através das fronteiras, ou seja, a globalização da economia.

Esta expansão económica conduziu a um aumento da prosperidade nos países avançados e alargou consideravelmente o fosso entre países ricos e pobres.

2- Dimensão política

Na política global, os governos nacionais estão a perder gradualmente o seu controlo e gestão, e a sua supervisão está a diminuir. Ao aderirem voluntariamente a redes e organizações transnacionais, especialmente à Organização Mundial do Comércio, os governos estão a enfraquecer as suas capacidades internas e a aumentar o domínio dos países poderosos. A mudança na governação geral da própria nação é um dos efeitos mais importantes da globalização política. As fronteiras intelectuais e a soberania dos governos estão a ser penetradas por ideias, mercadorias, capital, etc. [16]Alguns especialistas referem-se a esta influência como "desdominação" no domínio da política, o que significa que o aumento do poder das instituições e organizações internacionais, como as Nações Unidas, e ... o desenvolvimento de instituições jurídicas internacionais e obrigações internacionais vinculativas, excluem o governo do domínio absoluto .

Esta dimensão da globalização levou à atribuição de poderes a indivíduos e grupos e influencia as decisões, os planos e as exigências dos governos enquanto grupos influentes. [17]Nesta dimensão da globalização, a questão do papel do governo no

---

[15] Hejazi Mohammad Hassan (2003), Globalisation and Religion (coleção de artigos), Teerão, Rozaneh, p. 73.
[16] Afrouz Imad (2008), We and Globalisation, Teerão, Sura Mehr, p. 25.
[17] Hadiyan Pishgah Hamid (2007), The Status of Governments in the Process of Globalisation (with a

processo de globalização é uma questão muito séria.

4. **Dimensão cultural**

A globalização cultural é a emergência e a difusão de uma determinada cultura na cena mundial, que desencadeou uma onda de uniformidade cultural no mundo e põe em causa todas as características culturais. Uma única cultura circula pelo mundo com os media globais, exportando as suas características e valores para todo o mundo.

Numa perspetiva cultural, a globalização tem a ver com a emergência de novas condições para a comunidade internacional no domínio da cultura. Esta dimensão da globalização é dominada pela economia e pela política, com destaque para os problemas que a cultura global coloca à identidade nacional e local através da utilização dos meios de comunicação social.

A globalização cria uma economia transnacional na esfera económica e política, mas na esfera cultural, os sistemas simbólicos da era da globalização, tais como o consumismo, o individualismo, o estilo e o estilo de vida do indivíduo e até os discursos religiosos e religiosas, são muito mais livres e também mais amplos do que no passado.

Tecnologias como a Internet e o satélite facilitam este processo e são um motor da globalização cultural. [18]Por conseguinte, a base da análise dos seguidores da cultura global assenta no princípio de que o crescimento crescente da tecnologia dos meios de comunicação de massas, da Internet e do satélite, para além do tempo, provocou a compressão do local e a erosão das fronteiras culturais e tornou a proximidade cultural com os países de e, assim, formou-se uma cultura dominante de classe mundial .

5. **Dimensão científica e tecnológica**

A dimensão científica e tecnológica é uma dimensão importante da globalização, pois está ligada à revolução científica e aos novos conhecimentos. A revolução científica, o conhecimento técnico, a comunicação e o poder humano não são apenas as principais forças motrizes da globalização, mas a globalização e a revolução científica e o salto do conhecimento técnico são parte integrante de uma mesma moeda. A globalização, através da revolução científica e da revolução da informação, abriu caminho a serviços de informação rápidos em todos os domínios, através do comércio e do intercâmbio de informação e educação, de modo que o mundo é agora uma pequena aldeia.

Hoje, o processo de globalização é um facto que abre caminho a uma sociedade do conhecimento e a uma sociedade de gestão, e o conhecimento e a informação

focus on the position of Iran).

[18] Elbro, Martin (2002), Globalisation Age, Sociology of the Phenomenon of Globalisation, traduzido por Nader Salarzadeh Ahmadi, Teerão, Azad Andishan Publishing House.

são a base do desenvolvimento de qualquer sociedade. [19]Mas as potências que querem dominar o mundo com o projeto de globalização interpretaram o processo de globalização como uma "nova ordem mundial" e utilizam-no em proveito próprio.

A globalização significa, sem dúvida, o fim da era da tradição ou o declínio do tradicionalismo e a transição para a modernidade, que é o oposto do tradicionalismo e diferente dele, e esta é a conquista mais importante da globalização.

A atitude das religiões divinas em relação ao mundo humano universal

Aos olhos das religiões divinas, a natureza igual de todos os seres humanos é uma dádiva divina, a criação do Criador único, bem como a representação do plano igualitário do Senhor para a felicidade.

Contrariamente a alguns pensadores que acreditavam que as causas da formação da sociedade são as necessidades biológicas do homem e a álgebra para a provisão das necessidades da vida (teoria biológica), ou outros que sabem que o homem quer uma vida individual e acreditam que, de acordo com o princípio do prazer e da rentabilidade, a satisfação das necessidades pessoais e a capitalização dos interesses colectivos conduziram à formação das sociedades humanas (teoria do contrato social), do ponto de vista das religiões divinas, o homem é essencialmente um ser civil que caminha para a formação das sociedades humanas, desde a família, a sociedade rural e urbana até à comunidade internacional. A emergência da perfeição humana e o crescimento e desenvolvimento intelectual dependem das relações sociais. Os seres humanos formaram sociedades nesta base.

A determinação do mundo humano e a vontade de ter um sistema jurídico universal que crie pessoas decentes e necessitadas em todo o mundo e cujo principal objetivo seja a dignidade humana levou a humanidade à integração e ao globalismo.

[19] Seifzadeh Ahmad (2001), Globalisation of Poverty and Misery, Teerão, Agah Publishing

Capítulo 2: Objectivos, provas e impacto da invasão cultural

Os objectivos da invasão cultural

A invasão cultural tem os seus próprios objectivos transversais ou a longo prazo, que são prosseguidos de acordo com a importância de cada um desses objectivos, o seu público real ou legal, utilizando várias técnicas. A camada subjacente a este objetivo geral e quase evidente é a transformação interna, os desvios e as falhas deliberadas, e uma afirmação clara do lugar desta política, especialmente nos domínios cultural, literário e histórico.

Durante quatro décadas, as agências de publicidade têm tentado mudar o modo de vida em países de todo o mundo, guiadas direta e indiretamente pela opinião geral de diferentes nações de que a cultura e a ética são a base do progresso e da civilização e que uma vida cheia de prosperidade e felicidade só pode ser alcançada seguindo o padrão proposto. Esta propaganda maciça tem como objetivo final a transformação cultural das nações, submetendo-as aos valores apresentados. O objetivo desta propaganda, no contexto da globalização, é mudar o comportamento e o estilo de vida das nações para se conformarem com os padrões dos governantes mundiais. O monopólio da publicidade é um dos meios mais importantes desta invasão. Os meios publicitários esbatem as fronteiras entre a realidade e os sonhos e retratam um mundo de beleza completamente falsa nas suas mentes. Um mundo em que não há dor, nem sofrimento, nem problemas quotidianos da vida.

Outro objetivo da invasão cultural é o de incitar à superioridade racial, que, ao tentar influenciar a cultura nas crenças intelectuais e religiosas e nacionais dos países, desenha com este eixo um conjunto complexo de valores ocultos e evidentes. Neste contexto, a invasão cultural trouxe uma série de benefícios para os centros globais de poder. Alguns destes centros centram-se mais especificamente nos resultados dos estudos orientais com uma teoria aparentemente científica da superioridade da raça ocidental.

A visão e o objetivo mais importante da NATO cultural é liderar o mundo. Todos os esforços e actividades para promover os fundamentos e valores intelectuais estão enraizados nesta hipótese.

Quando a primeira cimeira do G20 (grupo das vinte maiores economias) teve lugar nos Estados Unidos, no final de 2008, o jornal britânico Financial Times escreveu: "George W. Bush, o Presidente dos Estados Unidos, era o líder global mais importante na sala de conferências". A prossecução da evolução política, económica, cultural e social dos países e das nações é o principal objetivo desta campanha, que só é possível se as tradições e a cultura das nações forem alteradas.

Técnicas de invasão cultural

Os métodos de invasão cultural são o estilo e as regras que os agressores utilizam à sua maneira, direta e indiretamente, para atingir os seus objectivos. Com estes métodos, danificam as crenças, os credos, os conhecimentos e os comportamentos, bem como a moral. Penetram também nas dimensões espirituais e esotéricas, bem como nas manifestações materiais e tangíveis da cultura.

A compreensão destes métodos abrirá o caminho para um confronto consciente e vitorioso com as velhas e novas tácticas da NATO cultural. Por isso, alguns destes métodos e estratégias serão brevemente delineados e revistos.

1- Destruição dos fundamentos do pensamento e da crença

Os membros culturais da NATO tentam impor uma imagem dominante da tradição das nações com superioridade política, económica e mediática e a rejeição dos fundamentos dos pensamentos e valores nacionais das sociedades para impor a sua soberania e os valores desejáveis. Neste contexto, são muito úteis os seguintes instrumentos:

1- Padrões de vida ocidentais

2- Treinar os Tams

3- Minar as convicções

4- Promover a separação entre religião e política e a contradição entre ciência e religião

5- Fazer falsas alegações entre povos e nações

6- Alterar a língua oficial dos países

7- Promoção de seitas fictícias

8- [21]Destruição e assassinato das grandes nacionalidades nacionais e históricas .

2. Rótulo desagradável

Os países que resistem à invasão cultural, bem como aqueles que têm uma opinião intelectual na arena internacional, são rotulados como uma contraparte negativa, e a escolha de nomes que carregam uma forte carga emocional e podem influenciar a atitude do público em relação a esses indivíduos ou países.

Termos como "eixo do mal", "oposição religiosa", "fundamentalismo islâmico", "sistema repressivo", "regime totalitário de apartheid religioso", "eleições erosivas" são apenas alguns dos dez termos utilizados na batalha mediática contra indivíduos, grupos e Estados em todo o mundo.

---

[21] Mesbah Yazdi Mohammad Taghi, O Mesmo, pp. 86 e 88.

3. Negação e prova

Os sistemas agressivos dos meios de comunicação social, sob diversas formas, para negar a natureza do governo nas sociedades e provar a ineficácia da administração comunitária, começam por realçar os danos sociais e políticos que ocorreram na sociedade e destacam-nos com a ajuda de instrumentos publicitários, para depois realçarem os méritos da sua cultura. Com todos os tipos de meios publicitários, tentam apresentar a cultura do outro lado como militante, conspiradora, opressiva e corrupta no mundo e, por fim, apresentam-se com um prestígio pacífico, livre de truques publicitários.

4. Resolver divergências de opinião

A criação de desacordos, divisões, confrontos e, em última análise, conflitos entre diferentes grupos étnicos e religiões, tanto a nível nacional como mundial.

5. Chegar a um consenso sobre as posições dos seus pontos de vista no mundo

Tentam criar a impressão de que todas as nações concordam com os seus pontos de vista e posições e que o que dizem é, de facto, a opinião de todas as nações, utilizando a necessidade de coerência e o desejo de estar na maioria das pessoas nas suas operações psicológicas para transmitir mensagens.

6. Criar ambiguidade e ceticismo na mente das pessoas

O aparelho de propaganda e de comunicação social da invasão cultural visa criar ineficiências na cultura indígena, fornecendo informações incompletas, duvidosas e muitas vezes inexactas sobre os valores e as normas da cultura e dos costumes das nações.

Atualmente, apenas os Estados Unidos, entre os membros da NATO cultural, enviam uma mensagem de propaganda e operações psicológicas a milhões de pessoas em 37 línguas do mundo.

7. Orientar a opinião pública

A propaganda e os meios de comunicação da cultura ocidental - a NATO e os seus agentes noticiosos - planeiam deliberadamente ilustrar e visualizar a estrutura das notícias e, ao criarem um espaço fabricado que não coincide necessariamente com a realidade nem a pressupõe, criam ideias que apenas servem os seus objectivos. Por exemplo, os meios de comunicação ocidentais tentam retratar o Islão como uma religião violenta, defensora do terrorismo e irracional.

[22]Este retrato permite que a opinião pública se conforme com eles face às medidas punitivas e legitime as suas acções.

É possível nomear alguns dos outros métodos de invasão que foram mencionados da mesma forma que os seguintes:

[22] Yazdinezhad Zahra, O mesmo, pp. 88-86.

1- Distorção e negação da identidade nacional

2- Criar uma análise histórica

3- Exclusão de padrões e pressupostos individuais

4- Criar distracções e divisões étnicas

5- Relatórios e ilustrações falsos[23]

Os efeitos e os sinais da invasão cultural

As consequências nefastas de um ataque cultural são muito perigosas. A perda de tradições e o declínio da civilização de longa data das nações é o resultado de esforços devastadores que começaram com a globalização.

Os efeitos e consequências mais importantes são os seguintes:

(A) Mudança cultural e desaparecimento das culturas nacionais (dominância cultural)

1. Destruição dos padrões nacionais e nacionais e busca cega de padrões culturais agressivos
2. A transformação dos valores
3. Distribuição de medicamentos
4. Fuga dos cérebros (Nova escravatura)
5. Enfraquecimento dos alicerces da família
6. Aumento da corrupção económica nas instituições estatais e sociais
7. Aumentar a distância das aulas
8. Filiação política e económica

As pessoas que cresceram na cultura dos estrangeiros só viram a forma de se salvarem no seu alinhamento preciso e consistente com os programas culturais agressivos. [24]Desta forma, as pessoas auto-enganadas lidam com a implementação de programas de peritos estrangeiros e impõem os seus planos aos tentadores pacotes nacionais do seu país.

Ferramenta de invasão cultural

Os instrumentos culturais são um conjunto de meios e dispositivos utilizados para transmitir mensagens. Podem ser divididos em dispositivos acústicos, visuais, escritos e outros, bem como em recursos económicos, materiais, organizacionais e

[23] Motahari Mortaza (1990), Mutual Services of Islam and Iran (Serviços Mútuos do Islão e do Irão), Teerão, Sadra.

[24] Yazdinezhad Zahra, O mesmo, pp. 42 e 43.

humanos. Estes instrumentos funcionam como um canal de comunicação entre o emissor e o recetor da mensagem e transmitem a mensagem do emissor para o recetor.

Os invasores culturais utilizam vários métodos e instrumentos para difundir a sua própria cultura e conquistar o domínio político e social de outros países.

Os instrumentos e métodos de invasão variam em termos de eficácia, dependendo das condições culturais, sociais e económicas do grupo e da nação invasora, pelo que compreender e explicar as características da sua cultura ajuda a compreender a invasão cultural. De seguida, apresentam-se alguns dos instrumentos utilizados pelos invasores culturais.

1. Controlo das agências noticiosas internacionais: A rapidez com que as notícias são recolhidas e divulgadas é uma das condições para o êxito das empresas de comunicação social. [25]Por conseguinte, as organizações que procuram penetrar nas culturas da arena global e que procuram controlar diretamente as empresas de comunicação social do mundo estabeleceram as principais agências noticiosas e utilizam estas agências para penetrar na sua cultura.
   A cultura invasora utiliza a propriedade dos meios de comunicação colectivos internacionais e o domínio dos conteúdos dos meios de comunicação e de todos os canais de comunicação para invadir as culturas e tradições de outros países. O sistema agressivo tenta esconder os seus planos numa população bonita e familiar, numa cultura e numa raça indígena, ou aumentar os campos de investigação e as reivindicações humanas e aumentar o impacto da sua mensagem. Culturas impróprias como o consumismo, o luxo, as aparências exteriores, a imoralidade sexual e a corrupção moral são difundidas nestas sociedades.
2. Drogas: Ao infetar as pessoas, especialmente os jovens, tentam torná-los passivos para a sua cultura e transformá-los em intoxicantes, por outro lado, utilizam-na para promover a sua cultura na sociedade.
3. Instrumentos literários: O campo da literatura e da arte é uma das áreas que deve ser considerada no estudo do fenómeno da invasão cultural. Este campo tem sido, desde há muito, uma fonte de pensamentos e desejos humanos, bem como um registo indireto de acontecimentos históricos e experiências de vida.
   A análise qualitativa dos romances e dos contos mostra que várias linhas principais são seguidas nestas obras. Um dos mais importantes é a representação de uma imagem distorcida, reacionária e supersticiosa da fé do povo.

Os autores destas obras, sob a forma de uma história, tentam indiretamente colocar as crenças e os valores das nações face ao que a modernidade chama,

---

[25] Moovhadnia Fereydoun (2003), The Trends of Young Adolescent and Young Generation in the Foreign Culture, Qom, Centro de Estudos Islâmicos, Voz e Televisão, p. 76.

e apresenta-os como um fator de falta de progresso e de desenvolvimento sócio-cultural, sendo que nestas obras nunca se considerou de forma positiva e sobretudo o papel das tradições e da cultura indígena da nação no crescimento e na tomada de consciência e no despertar da nação, enquanto as ligações dos povos com os seus costumes e crenças são um elo de ligação à realidade e não devem ser ignoradas.

A escrita, tradução e promoção de romances, poemas de conteúdo absurdo e desilusão, e a escrita de romances que alteram os valores humanos são exemplos da utilização da literatura no sentido de invasão cultural.

4. Utilização instrumental das mulheres: [26]O imperialismo cultural capitaliza a atração sexual das mulheres para eliminar a cultura da justiça e promover a cultura da vulgaridade entre as mulheres. O turismo sexual, o comércio global de prostitutas e o comércio de casamentos por correspondência aumentaram a vulnerabilidade das mulheres e a violência contra elas.

   Embora a globalização económica tenha um impacto positivo na atividade económica, como os salários, o emprego e a independência financeira, não desempenha um papel importante nas liberdades e direitos civis das mulheres. Pelo contrário, as estatísticas mostram que as mulheres são confrontadas com uma situação menos do que desejável na via da globalização. Abordar a questão das mulheres na via da globalização é uma questão complexa que exige um estudo aprofundado das estatísticas apresentadas pelas organizações e institutos internacionais, bem como a produção de um livro independente sobre o impacto da globalização no estatuto jurídico das mulheres. Parece que a globalização social aumenta o nível de liberdades civis, o nível de liberdade de expressão e o protesto contra a desigualdade de oportunidades que proporciona uma reforma social e pode levar à melhoria dos direitos das mulheres.

[26]Moovhadnia Fereidoun, O mesmo, pp. 83-78.

Capítulo 3: Governação dos países na via da globalização

O processo de globalização afectou as dimensões da vida das entidades políticas. No início do século XX, havia quase 40 governos e, atualmente, há quase duzentos governos no mundo. A superfície do planeta foi assim dividida. O processo de fragmentação é, sem dúvida, um fenómeno de longo prazo. Podemos imaginar que, nos próximos anos, alguns governos africanos, asiáticos ou mesmo europeus serão dissolvidos. Ao colocar a identidade no centro da nova estrutura das relações internacionais, este facto conduziu também a uma espécie de tribalismo em que diferentes grupos étnicos, culturais e raciais resistem e acabam por se opor aos governos centrais e aos agentes estrangeiros. Estes desenvolvimentos são indicativos dos objectivos prosseguidos pela expansão das fronteiras internacionais e pela "globalização". Este processo conduziu a uma mudança nas formas de governo na cena internacional.

Na Enciclopédia de Relações Internacionais e Política Mundial, esta abordagem é designada por "geopolítica" ou geopolítica do século passado. A geopolítica é o estudo do impacto dos factores geográficos no comportamento dos governos. [27]Neste sentido, examina a forma como a localização, o clima, os recursos naturais, a população e o pedaço de terra em que um governo está situado determinam as suas opções de política externa e o seu lugar na hierarquia dos Estados.

O principal objetivo da geopolítica é transferir uma parte dos poderes de regulação para os governos, a fim de preservar melhor a sua soberania. A controvérsia sobre acordos como o dos direitos dos mares na ONU é uma expressão deste facto.

Ruth Lapidoth considera que os governos que não querem violar a lei têm de aceitar abdicar de algum do seu poder para poderem desempenhar um papel no mundo atual. [28]Conclui que o conceito de soberania, ou seja, o poder absoluto do Estado, está a ser minado pelos desenvolvimentos tecnológicos e económicos modernos e por algumas das leis existentes do direito internacional.

Desta forma, os governos devem regular a sua soberania nos domínios militar, económico, político, ambiental, do terrorismo, do tráfico de seres humanos e de droga e da criação de uma segurança mundial através de uma política global. Neste contexto, alguns académicos defendem a ideia de um governo mundial. [29]Por governo mundial, entendem que uma instituição política mundial com autoridade política assegurará a paz e a segurança na comunidade internacional, criando um poder para além do sistema estatal. Numa sociedade em que a soberania dos

[27] Griffith, Martin (2009), Encyclopaedia of International Relations and World Politics, tradutor Alireza Tayeb, Teerão, Ney Verlag, p. 574

[28] Brad, Catelyn e Fred Shelley (2005), Pervasive Geopolitics, traduzido por: Alireza Farshchi e Hamid Reza Rahnama, Teerão, publicação de Alto Curso de Guerra, p. 353.

[29] Roshan, Ali Asghar e Nurullah Farhadian (2006), Dictionary of Political-Military Geography, Teerão, Imam Hossein University Press and Publishing House, p. 92.

governos está a diminuir de dia para dia, o papel das organizações internacionais e transnacionais está a tornar-se cada vez mais importante. Em termos simples, a geopolítica é o declínio do poder dos governos nacionais devido à emergência de uma nova ordem na cena mundial.

Nesta situação, o governo é limitado na forma territorial e muitos comportamentos, especialmente os económicos, não estão ligados ao estatuto territorial.

[30]Mohammed Abed al-Jabari considera que os objectivos da globalização destroem as três categorias básicas de governo, nações e pátria, e afirma que a globalização irá violar as culturas e a santidade das nações e das línguas, dos seus governos, dos seus países e das suas religiões.

Esta política comum na cena internacional terá um impacto crescente sobre a soberania em várias dimensões.

As dimensões dos efeitos da globalização

1. Governação e globalização da economia

[31]A globalização da economia é o desenvolvimento e o domínio de um sistema de produção económica em diferentes sociedades do mundo, que não é um poder político ou uma fonte de poder económico, mas é influenciado pelas entidades mais fortes e eficazes da comunidade internacional .

De acordo com a globalização da economia, a primeira condição é que os países limitem a sua soberania a fim de reforçar o poder e a autoridade das organizações económicas globais; a necessidade de lutar pela convergência global exige a erosão da soberania nacional. A expansão da economia global restringe a capacidade política dos governos nacionais para gerir os seus assuntos económicos. E a soberania nacional desempenha um papel subordinado em actividades económicas como o comércio, o investimento, a produção e as transferências financeiras. O controlo das nações e dos governos sobre as transferências financeiras e tecnológicas é severamente limitado e desaparecerá a longo prazo. Consequentemente, a soberania nacional está exposta a crises graves e os limites da segurança nacional são postos em causa.

Neste tipo de governação, as decisões verdadeiramente importantes não são da responsabilidade dos membros das elites políticas e estatais do país, ou seja, a soberania não é geralmente delegada no governo, mas as políticas mais importantes derivam e estão ancoradas no comércio, na produção e na integração no mercado internacional. A própria aquisição de marcas nacionais por empresas

[30] Abdul Hamid, Mohsen (2001), Globalisation from an Islamic Perspective, Pegah Hoseh Weekly, n.º 37.

[31] Naeeb Saeed (2000), Globalisation of Economics and Multinational Enterprises, Quarterly Journal of Global Foreign Policy, n.º 14, p. 423.

nacionais põe em causa a identidade nacional. [32]E, por vezes, são vistas como símbolos nacionais, para depois se revelar que estão nas mãos de uma empresa transnacional e noutras partes do mundo.

[33]Apesar de constatarmos que a permeabilidade das fronteiras políticas aos fluxos económicos e a interconexão do globo atingem um nível tão elevado que não há espaço para uma política de isolamento e de autarquia económica, os países continuam a tentar regular estes fluxos de acordo com os seus próprios interesses. [34]Por outras palavras, a "globalização da economia de mercado livre" está, sem dúvida, a alterar as fronteiras políticas e a governação económica dos Estados, mas não eliminará certamente por completo estes papéis.

2. Governação e globalização da política

A globalização é um quadro concetual para descrever e delimitar uma situação em que as actividades políticas ultrapassam as fronteiras do governo nacional. A fragilidade das fronteiras nacionais e o colapso das crenças e noções tradicionais de conceitos políticos, como o Estado de direito, os interesses nacionais, a segurança nacional, etc., são inevitáveis.

Em termos políticos, o aparecimento e a expansão dos poderes das instituições políticas mundiais provocaram mudanças políticas nas sociedades humanas e alteraram significativamente o poder e a soberania dos governos nacionais e a natureza do sistema internacional. A organização internacional, o Banco Mundial, o Fundo Monetário Internacional e a Organização Mundial do Comércio tornaram-se os actores mais importantes na cena política mundial e têm poderes de decisão a nível internacional. A autoridade crescente destas instituições mundiais na tomada de decisões deve-se, em parte, à emergência de grandes problemas mundiais, como a camada de ozono e o aquecimento global, o crescimento demográfico, as questões ambientais, etc.

Em contrapartida, a independência das actividades de um governo nacional é limitada e está a diminuir. [35]O colapso dos sistemas totalitários e autoritários alterou a estrutura política das sociedades e introduziu novas exigências no sistema político que contradizem as tradições das nações e, como diz James Rosina, criam turbulência no mundo da política.

3. Governação e globalização da cultura

Em debates anteriores, argumentou-se que a globalização tem vindo a influenciar cada vez mais todos os domínios da cultura.

---

[32] Muir Richard (2000), A New Approach to Political Geography, tradução de Dareh Miraheydar e Yahya Safavi, Teerão, Geographic Organisation of the Armed Forces, pp. 181-182.

[33] Hafez Nia Mohammad Reza (2010), The Impact of Globalisation on the Borders, Journal of The Fourteenth Issue ,p. 3.

[34] Mojtahedzadeh Pirouz (2000), Geopolitical Ideas and Iranian Facts, Teerão, publicação Ney, p. 162.

Os efeitos da globalização cultural são:

1. Criação e difusão de valores humanos comuns: exemplos destes valores comuns são a adoção de conceitos de direitos humanos, a luta contra a violência organizada do Estado e a luta contra a poluição. Na direção deste efeito, as culturas indígenas e tradicionais não podem ser eliminadas e amplamente expressas, mas como um dos elementos constitutivos mais importantes do Estado, as pessoas não estão sujeitas a uma identidade estatal específica e, numa pluralidade e diversidade de identidades, não têm uma identidade coerente.

2. Outro efeito da globalização sobre a soberania absoluta dos Estados é a redução da lealdade dos cidadãos ao governo nacional e a transferência da lealdade para instituições supranacionais e globais. A relação entre os cidadãos e o governo fica assim gravemente afetada.
3. Muitos de nós têm uma vida local, mas a globalização também altera o contexto local e, consequentemente, a natureza da nossa experiência cultural, e a propaganda global divide

   a cultura dos seus constrangimentos locais, de modo a que as outras culturas não fiquem "amarradas à cultura local", mas sejam também influenciadas por numerosos factores culturais. Neste contexto, é possível manter uma cultura que satisfaça as necessidades materiais e espirituais dos indivíduos e reforce a sua identidade pessoal.
4. A tendência crescente para o localismo, a etnicidade e o nacionalismo no processo de globalização mostra o conflito da globalização com as identidades nacionais e religiosas. Com o surgimento de uma rede global de sociedades, as identidades religiosas e étnicas também estão a aumentar e a resistir à globalização, e os movimentos religiosos e étnicos estão a surgir como resultado dessa resistência. Naturalmente, utilizam os mesmos instrumentos da globalização para exprimir a sua identidade. Por isso, os movimentos anti-globalização tendem também a ser globalizados.

4- Globalização; desafios e oportunidades de governação

Os desafios que se colocam à soberania são o triplo eixo da segurança, da ameaça e da violência, cujos efeitos se alteraram profundamente. Os factores acima mencionados alteraram a relação entre os cidadãos e a sociedade, por um lado, e o governo, por outro, colocando a questão da soberania de uma forma nova.

A segurança pode ser analisada em dois domínios: a segurança nacional e a segurança individual.

Segurança nacional

Segurança significa estar seguro e protegido, relaxar e sentir-se à vontade ... [35][36] Segurança contra o medo e, no sentido mais lato, a palavra segurança significa a imunidade dos direitos de cada pessoa contra qualquer tipo de agressão. Em termos políticos, um país é considerado seguro se tiver estabilidade interna. E sempre que uma nação tem a sua segurança nacional para prosseguir com êxito os seus interesses nacionais, ou a capacidade de contrariar a agressão do exterior. Sem dúvida, a segurança nacional garante a sobrevivência de um país e a capacidade de sobreviver e assegurar a sobrevivência de qualquer país.

A segurança nacional é considerada sensível e independente, e é influenciada por factores de Estado, governo, nação e factores transnacionais. [37]Com as mudanças no sistema internacional e as características das relações entre governos na era da nação, a segurança nacional é fortemente influenciada por factores externos e assuntos económicos. Uma vez que o desenvolvimento económico é a causa das numerosas incertezas nos domínios social, político, social e ambiental nos tempos modernos, tentar mantê-las e protegê-las é uma tarefa global da segurança.

O progresso tecnológico aumentou as possibilidades destrutivas das guerras entre países e das guerras civis, e o mercado mundial de armas criou muitas possibilidades destrutivas. Este facto ameaça não só a segurança das nações, mas também a paz mundial. Uma vez que as oportunidades e os constrangimentos da globalização não são os mesmos para todos os países, mas o processo de globalização está a tornar as pessoas cada vez mais letais umas contra as outras, a segurança nacional é grandemente afetada.

As mudanças no sistema internacional também alteraram a definição de segurança nacional. No passado, e não há muito tempo, o objetivo da segurança limitava-se ao conceito de segurança nacional, mas na era da globalização, a segurança global tornou-se uma prioridade mais elevada do que o conceito de segurança nacional.

Por outro lado, o "homem" tornou-se uma questão de segurança no mundo atual, sobrepondo-se à segurança noutros domínios. O governo não pode justificar a opressão das pessoas. As violações do Estado estão a tornar-se rapidamente globais em relação aos indivíduos, e centenas de organizações, instituições e governos estão a mobilizar as suas capacidades em todo o mundo para proteger e defender os direitos humanos. A segurança expandiu-se e conceitos como o

---

[35] Ja'fari Dolatabadi Abbas (2010) From National Security to Human Security, Tehran Legal and law Monthly Journal No. 4.

[36] Rahbari Mahdi (2009) Effects of globalisation on the national security of states, Journal of Economic Policy n.º 268.

[37] Eftekhari Asghar (2001), Segurança Nacional, Estudos Estratégicos, Volume 4, Número 14.

ambiente, a democracia, a segurança económica, a autonomia da sociedade civil e ... constituem o núcleo da segurança.

Segurança personalizada

A globalização alargou a questão da segurança para além das questões militares e políticas. Mas, à medida que a globalização aumenta o sentimento de segurança e estabilidade do indivíduo ou cria um sentimento de risco e instabilidade, trouxe calma e esperança ou levou a tensão e preocupação crescente; há duas perspectivas, uma otimista, uma pessimista e uma visão intermédia [38]

Visão otimista: Esta visão enfatiza que o processo de globalização aumentou a segurança dos indivíduos, tendo também em conta os aspectos inseguros. Segundo os defensores deste ponto de vista, os aspectos de segurança da globalização são superiores aos aspectos inseguros. A difusão da democracia e do comércio livre em prol da paz e da segurança, bem como o aumento dos fluxos de capitais, são os efeitos individuais da globalização.

A experiência demonstrou que nos países onde prevalece o sistema democrático, os cidadãos estão seguros. O confronto militar entre governos numa região do mundo que se tornou mais globalizada foi eliminado devido à falta de controlo sobre os territórios que são objeto da maioria dos conflitos militares.

O papel do povo no governo e na administração é tangível e impede que o governo se torne um poder contra o povo. A expansão do comércio livre e o aumento do fluxo de capitais criam oportunidades de emprego para os indivíduos. Isto, por sua vez, reduz as crises sociais e a insegurança social que conduzem ao desemprego e à pobreza, contribuindo assim para a segurança.

Visão pessimista: Parte-se do princípio de que a globalização não só aumenta a segurança das pessoas, mas que, em muitos casos, a segurança dos indivíduos também está exposta a sérios desafios e ameaças. Ao mesmo tempo, as causas do infortúnio e da violência criaram novas fontes de insegurança e medo para as sociedades humanas, que se manifestam no nacionalismo extremista, no racismo, no fundamentalismo religioso e no terrorismo. (O fundamentalismo religioso e o terrorismo tornaram-se, hoje mais do que nunca, uma grande ameaça à segurança). As guerras civis aumentaram à medida que as culturas de diferentes países recorrem à violência e a conflitos militares para conquistarem a sua independência e os governos são incapazes de suprimir a sua opressão devido à fraqueza do poder centralizado. Simultaneamente, o progresso tecnológico - computadores, mísseis, satélites, etc. - está a levar a uma propagação brutal da violência e da violência. - está a conduzir a uma propagação brutal da guerra tecnológica ou da pornografia nas batalhas dos meios de comunicação social. A

[38] Shullet, Jan R. (2003), A Careful Look at the Phenomenon of Globalisation, traduzido por Massoud Karbassian, Teerão, Scientific and Cultural, p. 22

globalização levou também ao aparecimento de novos tipos de infração à lei, como a criminalidade informática e o dinheiro negro, bem como à formulação de criminosos transfronteiriços. Estes acontecimentos são o caos provocado pela "perturbação global".[39]

Ameaça

A natureza e a origem de outras ameaças não são apenas de natureza militar, mas têm um carácter de software e, ao mesmo tempo, concretizam-se sob várias formas nas fronteiras e no estrangeiro, e têm uma dimensão social, cultural e comunicativa.

A globalização conduziu, por um lado, à redução das guerras e dos conflitos militares, ao aumento do progresso material, ao aumento da prosperidade relativa e do emprego e ao crescimento de várias entidades, mas, por outro lado, conduziu também à disseminação de tecnologia militar destrutiva, à crescente degradação ambiental, à instabilidade financeira, à degeneração cultural e à perda de solidariedade. Por outras palavras, devido às tendências acima referidas, os métodos subnacionais de monitorização e proteção do ambiente aumentaram, mas os mecanismos da economia global estão a poluir fortemente o ambiente. Como o capitalismo global contribuiu para aumentar mais rapidamente a riqueza das sociedades industrializadas, poucos países têm um estatuto semelhante ao dessas sociedades, e os acordos comerciais globais causaram grandes prejuízos aos países pobres. Por outro lado, as empresas e as indústrias globais criaram milhões de novos postos de trabalho, mas a deslocalização da mão de obra levou à perda de postos de trabalho e a receios de insegurança no emprego. No entanto, pode argumentar-se que as novas narrativas neoliberais do processo de globalização comprometeram a criação de segurança e aumentaram as inseguranças resultantes destas tendências.

Violência (poder)

A violência e a sua utilização evoluíram. Ao contrário do que acontecia no passado, a violência é utilizada para resolver diferenças tribais, religiosas e raciais e é menos relevante para os governos. A violência organizada é cada vez mais não-estatal (Al-Qaeda).

As condições demográficas, culturais, económicas, religiosas, étnicas e históricas e a evolução da situação criaram uma situação muito complicada. As questões de segurança tornaram-se imprevisíveis e mais sensíveis. A violência (poder) como fator de controlo dos comportamentos perdeu a sua função e legitimidade e está a ser substituída pela vigilância.

A natureza e as características do poder na era da globalização podem ser

[39] Shullet, Jan R., Same, p. 3-22

resumidas da seguinte forma:

1. O poder não se limita à soberania e ao governo.
2. O poder libertou-se em grande medida dos limites da violência.
3. O poder vem das relações.
4. O poder exige uma comunicação livre.
5. O poder vem do acordo.
6. [40]O conhecimento como ferramenta para gerar poder está no topo da lista.

6- Mudança do significado de governação e redução do papel dos governos

No decurso da globalização, a soberania dos governos é praticamente limitada. Deixaram de ter a autonomia necessária que tinham no passado. Em alguns casos, têm de se adaptar às tendências globais, apesar de serem legal e formalmente considerados a autoridade de referência final no seu domínio. Com a expansão dos processos de globalização, os governos nacionais estão a perder de vista a sua capacidade, autonomia e soberania e são cada vez mais confrontados com mercados globais, organizações económicas regionais, instituições políticas internacionais e movimentos intelectuais. Um dos efeitos mais importantes da globalização sobre os fenómenos geopolíticos é o enfraquecimento do Estado-nação, o reforço da identidade étnica e a redução do papel das fronteiras geográficas, que podem ser claramente observados hoje em dia.

Os efeitos da globalização na redução do papel dos governos podem ser observados em três eixos: 1. incapacidade e esgotamento do Estado, particularmente na esfera económica. 2. redução do alcance do poder do Estado. [41]3. a fraqueza do governo devido à perda de autoridade e de controlo centralizado.

Estas discussões aproximam-nos do ponto de vista de que vários territórios não são governados pela soberania, mas por actores não estatais. Apesar de serem vistos interna e internacionalmente como parte deste governo, o controlo dos actores não estatais limita o domínio do governo a partes do seu domínio. Estes actores não estatais incluem grupos de guerrilha e militantes, bandos criminosos e redes de contrabando.

Na era da globalização, a mudança na estrutura social leva a uma mudança nas

[40] Akhavan Zanjani Dariush (2002), Globalisation and Foreign Policy, Teerão, Ministério dos Negócios Estrangeiros, p. 178.

[41] Clarke Jan (2003), Globalisation and Theory of International Relations, traduzido por Faramarz Taghi Leo, Teerão, Centro de Impressão e Publicação do Ministério dos Negócios Estrangeiros, pp. 106-107.

ideias e nas acções do governo no poder. A adoção de algumas obrigações legais em áreas globais ou regionais limita a soberania do Estado. A "autoridade da soberania" foi enfraquecida e as interacções regionais e globais e a interação com organizações levaram a que o significado do conceito de soberania nacional fosse relativizado e o âmbito do poder dos governos fosse limitado ao controlo e à supervisão. Por um lado, o declínio das guerras e dos conflitos militares conduziu a um aumento do progresso material, a um aumento relativo da riqueza e do emprego e ao crescimento de várias entidades, mas, por outro lado, conduziu também a uma maior disseminação de tecnologias militares destrutivas, a uma maior degradação ambiental, à instabilidade financeira, à decadência cultural e à redução da coesão social. Por outras palavras, devido ao processo acima descrito, os métodos de vigilância e de proteção ambiental foram melhorados, mas os mecanismos da economia global estão a poluir fortemente o ambiente. O capitalismo global contribuiu para acelerar a prosperidade nas sociedades industrializadas, mas poucos países têm um estatuto semelhante ao dessas sociedades e os regimes de comércio global causaram muitos danos aos países pobres. As empresas e a indústria global criaram milhões de novos empregos, mas a deslocalização da mão de obra levou à perda de postos de trabalho e a receios de insegurança no emprego. Por conseguinte, pode dizer-se que o processo de globalização está a afetar a segurança através da crescente insegurança que resulta desta tendência.

Em conclusão, é necessário repensar a autoridade e a soberania nacional na era da globalização.

Antecedentes da continuidade da governação nacional na era da globalização

1. A existência de um Estado independente e soberano, com soberania absoluta, como a unidade mais importante da comunidade internacional

2. Estabelecer uma relação entre a soberania nacional e a ordem internacional

3. Flexibilidade da estrutura e da organização interna da administração pública para responder a diferentes necessidades

4. Intensificação do intercâmbio económico internacional e continuação do processo de consolidação da soberania nacional

5. Reforço da solidariedade social

Sem dúvida, o crescimento e a excelência de qualquer sistema social só são possíveis se houver solidariedade social e a participação geral das pessoas nessa sociedade. Os sociólogos consideram que a solidariedade social e a participação pública são o resultado de factores como a partilha de crenças e sentimentos, bem como a cooperação e a harmonia entre crenças e valores, e vêem na luta e na falta de oportunidades materiais os principais factores de divergência entre as pessoas.

6. Participação do público

A participação do povo na definição do sistema político e da sua administração é indispensável e inevitável, pelo que o crescimento e a excelência de um país não são possíveis sem a participação universal e pública. Do ponto de vista social, a unidade e a solidariedade desempenham um papel importante na estabilização de qualquer sistema social. Se a coesão social, a unidade e a solidariedade e o interesse da nação em atingir os objectivos de um sistema (por exemplo, o desenvolvimento sustentável) forem semelhantes e coerentes, essa nação pode facilmente e rapidamente atingir as expectativas, os objectivos ambiciosos e as perspectivas a longo prazo estabelecidas pelos seus líderes.

7. Factores que reforçam a solidariedade social

A) convicções comuns e convergência intelectual; b) conhecimento e consciência; c) consulta e compreensão; d) bondade e tolerância; c) fidelidade mútua; e c) amizade e fraternidade e cooperação em assuntos comunitários.

8. Reforçar o sistema económico

O tema "economia" é um dos princípios fundamentais e um dos temas importantes da vida humana que desempenha um papel importante ao longo dos tempos e em todas as sociedades humanas, e a roda da vida humana gira em torno deste tema. A vida humana assenta nos três pilares da economia, a saber, a formação de um Estado, a criação do espírito empresarial e do comércio, o comércio (que inclui todos os meios de transferência, tais como a compra e venda, o arrendamento, etc.) e os negócios, pelo que o reforço do sistema económico reforça a independência das sociedades.

Sendo um dos pilares mais importantes das bases económicas de qualquer país, o sistema económico desempenha um papel significativo na cultura da prosperidade e no desenvolvimento das sociedades. Fenómenos como a pobreza e a riqueza, a justiça e a injustiça, bem como a emergência da motivação individual ou a falta dela, são influenciados pelo sistema económico e criados no seu âmbito.

O objetivo de um crescimento económico equitativo e produtivo é o objetivo central do sistema económico saudável, que assegura a eliminação da discriminação económica e das diferenças de classe, da política e de sistemas administrativos saudáveis. Num sistema económico pouco saudável, embora se tente, em primeiro lugar, criar motivação para as actividades económicas, confiando na unilateralidade da autenticidade do indivíduo e no reconhecimento de liberdades individuais ilimitadas e no favorecimento dos interesses individuais do indivíduo, mas confiando no mecanismo do mercado, especialmente na dispersão do caminho e na interferência oposta do Estado na atividade económica, a pobreza e as contradições de classe são disseminadas e acabam por promover a insatisfação e enfraquecer a motivação económica nas pessoas insatisfeitas e, em última análise, reduzir a eficiência.

Os efeitos de uma economia saudável podem ser resumidos da seguinte forma:

(A) **Igualdade e eliminação da discriminação**: A continuação da existência de governos nas sociedades baseia-se no respeito do regime pelos direitos das pessoas. As diferentes classes de pessoas devem poder ter uma vida decente e dispor de rendimentos e riqueza, de modo a que a indústria e o comércio satisfaçam as necessidades de um amplo espetro de classes sociais na sociedade e a pobreza, a discriminação e a corrupção sejam eliminadas.

(B) **Segurança económica**: É essencial que as leis e regulamentos económicos sejam cumpridos.

desenvolvido tendo em conta as crenças culturais e religiosas de cada sociedade, garantindo a segurança da atividade económica numa sociedade e eliminando e controlando os antecedentes da má utilização dos recursos de uma sociedade.

(C) **Cumprimento da lei e da** ordem: O cumprimento da lei e da ordem na comunidade conduzirá todas as pessoas a uma gestão comunitária sistemática e sã das suas vidas e das dos outros, e garantirá a segurança económica e a ordem social. Isto assegurará a estabilidade do governo e a satisfação do povo em relação aos governantes do povo.

Capítulo 4: Gerir a invasão cultural

Para controlar a invasão cultural, é necessário, em primeiro lugar, saber exatamente quais os factores que a desencadeiam, de modo a podermos tomar medidas adequadas e programadas para defender e preservar a cultura.

As causas da invasão cultural

Um dos pré-requisitos para a realização do programa de invasão cultural é a existência de um ambiente adequado e de uma atmosfera cultural e social apropriada nos países. Por isso, a mudança dos ideais das nações é um dos factores mais importantes para a influência de uma cultura invasora, para que a opinião e a ideologia de uma nação mudem no interesse da cultura dominante. Quanto mais frouxas e fracas forem as crenças e os ideais das comunidades, maior será a probabilidade de erros e influências de outras culturas.

As raízes sociais do sucesso da invasão cultural ou os factores sociológicos de uma sociedade vulnerável podem ser citados da seguinte forma:

1. Vazio cultural
2. Fraqueza e incoerência das instituições sociais
3. Dissociação das emoções e dos laços sociais
4. Falta de justiça social
5. Pobreza e falta de desenvolvimento
6. Enfraquecimento da instituição estatal
7. Migração, comércio, guerra[43]

Gestão cultural no desenvolvimento

É de notar que a globalização é um processo controlável. Existem diferentes pontos de vista e opiniões sobre o controlo do desenvolvimento cultural para controlar a agressividade e servir de motor para as acções culturais das nações.

Primeira reflexão: reação: nomeadamente, introduzir o vírus atenuado da cultura agressiva na corrente sanguínea da sociedade, para que esta não fique chocada quando for confrontada com este fenómeno saqueador de invasão cultural. Desta forma, preparamos o espírito público para lidar com este fenómeno.

Segundo pensamento: Funcionamento na forma de lidar com a situação: Restringimos a sociedade para que ela não tenha acesso aos anti-valores e tradições da sociedade, por exemplo, restringindo e proibindo a entrada de publicações, proibindo a entrada de estrangeiros, cortando relações com países estrangeiros, etc.

A primeira ideia é aparentemente bela, mas é perigosa devido ao perigo de mudança cultural, e a segunda ideia pode conduzir à anestesia, mas não é salutar.

---

[43] Yazdinezhad Zahra, O mesmo, p. 164.

Sugestões úteis neste domínio

1. Eliminação de restrições desnecessárias em vários domínios, na medida em que tal não conduza a contra-valores.

2. Desenvolvimento cultural da sociedade com o objetivo de regular os valores e as tradições positivas.

3. Controlar o que pode ser controlado, por exemplo, através do controlo da importação de bens culturais.

4. Promover as tradições, a história e os costumes das nações dentro das fronteiras do país e criar confiança nestes valores entre a população.

5. Neutralização da publicidade, penetrando na cultura com honestidade e confiança no poder da soberania

6. O respeito pela nacionalidade através da utilização de métodos eficazes, com uma representação exacta e uma análise analítica da história, da gloriosa civilização das nações

7. Esforços para reduzir a dependência dos valores em que se baseia a cultura invasora e para escapar à imposição da cultura importada em todos os aspectos, regressando à cultura antiga e a tradições há muito esquecidas.

8. Explicação e esclarecimento dos objectivos e planos da invasão sob o pretexto da globalização para o cativeiro cultural das nações.

Defesa cultural

Do exposto resulta claramente que é uma tarefa importante das nações e dos governos defenderem-se contra as invasões culturais, porque a cultura desempenha um papel crucial na formação da identidade do indivíduo e da sociedade, pelo que o povo e o governo devem defender a sua cultura.

Uma nação tem a obrigação de preservar a cultura e a tradição do seu país para a geração seguinte. Entretanto, a tarefa dos instruídos, enquanto grupo de pessoas, é mais sensível às questões culturais, uma vez que estão na linha da frente da luta cultural, por um lado, e são alvo de invasão cultural, por outro. Estas pessoas devem lançar as bases para a compreensão das tradições, construir a história do seu país com base na certeza e desafiar o ceticismo em relação à civilização e à cultura culturalmente construtiva do seu país. Devem redobrar a atenção para se reconhecerem a si próprios e aos outros a partir das suas crenças e valores e procurar compreender as suas motivações. Promover e educar o renascimento de velhas tradições e reconhecer as fraquezas do público, as lesões e a eliminação do vazio intelectual são uma das principais tarefas dos educados e dos intelectuais da sociedade. Com a ajuda da tecnologia moderna, que está ao alcance de todos, podemos desempenhar um papel eficaz na preservação da cultura autêntica ou na orientação ou mudança de hábitos.

O que é realidade é o facto de o incidente da globalização estar a acontecer. Em vez de capitular perante o futuro sombrio e imprevisível que se seguirá, em vez de destruir e invadir e rejeitar e negar, é razoável entrar no domínio do reconhecimento e desempenhar um papel efetivo.

Com um planeamento adequado e rápido e a utilização de todo o potencial da tradição, da cultura, da história, da civilização e do prestígio de uma nação, o futuro deste projeto não pode ser a ocidentalização absoluta do mundo. Não pode conduzir ao colapso das culturas e das civilizações sábias num sistema global e mundial. Não pode conduzir à decadência moral e ao declínio das religiões e dos valores, mas sim a uma globalização dos valores e da moral e à abertura de novas e abrangentes perspectivas de sentido e de moralidade, que, em última análise, abrem um caminho para a perfeição humana em vez da queda da humanidade.

Tudo isto é possível, desde que redireccionemos o atraso do fulcro da globalização com um esforço redobrado para a inter-relação entre culturas e, em vez de dependermos das grandes potências, tenhamos de desempenhar um papel nas escolhas para o futuro do mundo. O seu papel dependerá do grau de domínio e de conhecimento possibilitado pelos programas de globalização e de transformação cultural, por um lado, e pela utilização de ferramentas e tecnologias modernas, por outro.

Talvez as autoridades também se tenham apercebido disso e, para além da NATO militar e cultural da última década, tenham também mudado para a NATO científica.

Programas eficazes de defesa cultural

1-Cronometrar e atuar no momento certo

Uma invasão cultural ocorre em qualquer altura, dependendo das condições do momento. É importante que reconheçamos as manifestações de invasão cultural na nossa comunidade e nas circunstâncias em que vivemos.

Já estabelecemos que a invasão cultural se baseia nos três eixos de percepções e crenças, valores e atitudes, e comportamentos e acções; devem ser dados os passos necessários antes de serem eliminados.

2- Atenção ao papel das autoridades influentes (família, escola, etc.)

A família é uma unidade que se caracteriza por relações humanas, afeto, ternura, respeito mútuo, consulta, diálogo e trabalho conjunto, e estes elementos são factores que influenciam a identificação individual. A família é a base da comunidade e o fundamento de uma cultura, de uma civilização e de uma sociedade, bem como as células de um corpo social. O olhar sobre a mulher, a sua dignidade, o seu lugar e a sua liberdade no lar e na comunidade, bem como o seu cuidado integral na educação dos filhos e o seu empenhamento na preservação do papel do pai na família criam uma família desejável e a cultura e a civilização, o caminho da excelência e da evolução.

[44]Se o ambiente doméstico for acolhedor e saudável e as crianças estiverem descontraídas, metade dos problemas de vida das crianças serão resolvidos. Depois de entrar no ambiente social e educativo, o indivíduo analisa e revê o comportamento dos membros da comunidade através das experiências que teve no passado, da ética e do comportamento no ambiente limitado da família e adquirindo cada vez mais informações e observando a ética da sociedade para encontrar uma forma final de comportamento para si próprio. Depois da família, a melhor instituição que pode moldar a independência da personalidade e as crenças do indivíduo é a escola. Para as crianças e os jovens, a entrada na escola numa época educativa é muito importante e decisiva. Durante este período, dá-se uma grande mudança no corpo e na alma de um adolescente, que é acompanhada por um sentimento de auto-realização. Os pais criam uma identidade e uma personalidade autónomas, compreendendo os verdadeiros sentimentos das inclinações e desejos interiores dos filhos, compreendendo e respeitando a sua independência e criando a oportunidade de construir o núcleo da autoconfiança, e a escola alimenta estes desejos.

Devemos prestar muita atenção à importância da escola e ao grande fardo que ela carrega. [45]O trabalho da escola não se limita ao ensino e à transmissão de alguns conceitos científicos e clássicos aos alunos, mas é uma responsabilidade muito importante e vital para a educação social e psicológica dos alunos.

Uma vez que estas duas instituições (família e escola) são o ponto de referência para o desenvolvimento nacional e são de grande importância, o principal objetivo da globalização é precisamente mudar estas duas entidades, especialmente a família.

Utilizar uma forma pouco importante de mostrar e por vezes ignorar a família é um desafio. Embora esta unidade sagrada possa transformar muitas das ameaças em oportunidades.

A gestão cultural que orienta o movimento civilizacional deve pensar numa família desejável que eduque as pessoas de uma civilização "humanitária" e tenha um projeto para elas. A família deve manter-se na autoestrada da globalização, com extremos de escolha e de qualificação na tomada de decisões pessoais e sociais, indiretamente sujeitas à devoção.

A educação e a promoção da cultura familiar e a explicação dos deveres dos pais para com os filhos, com base nas tradições, na psicologia e nos instrumentos artísticos e mediáticos, são meios importantes para promover a permanência e a durabilidade desta unidade sagrada e manter o espaço para o desenvolvimento

---

[44]Mesbah Yazdi Mohammad Taghi, O Mesmo, pp. 130-113.

[45] Amini Ebrahim (2013), Islam and Education, Editora: Boostan Book, p. 129.

nacional.

Atualmente, o lema do mundo é uma sociedade segura e uma família saudável. Devem ser feitos esforços para concretizar o que a sociologia considera como as características de uma família saudável. Para manter a família através do reforço das relações entre os membros da família, da promoção dos valores familiares e da desejável continuação das funções centradas na família, são propostos os seguintes princípios e estratégias:

1) **A tónica é colocada na continuidade e na preservação da família natural**: ao longo da história, as famílias foram constituídas através de contratos entre homens e mulheres. Nestas famílias, a mulher tem apenas um contrato de casamento com um homem após o casamento, e este compromisso deve ser respeitado, a menos que esta lei seja abolida e substituída por outra. As religiões divinas, como o Islão, o Cristianismo e o Judaísmo, só reconhecem este tipo de família. A realização de uma ligação afectiva profunda entre a mulher e o marido e a sua paz de espírito são o resultado de um contrato deste tipo.
   Para promover este princípio, os seguidores das religiões divinas devem promover a família natural, exprimindo as suas funções sociais efectivas e os seus efeitos psicológicos positivos e explicando as consequências negativas de uma forma de família inadequada.
2) Todos os seres humanos e todos os grupos têm graus. A família não é exceção. Para reforçar a estrutura familiar, temos de manter a posição tradicional dos pais na família. Os pais desempenham um papel muito importante na educação e socialização dos seus filhos e, naturalmente, a maior parte dos investimentos materiais e emocionais na família são feitos pelos pais. Sem dúvida, estas tarefas só podem ser cumpridas se eles tiverem um estatuto elevado na família.
3) A consolidação das crenças desempenha um papel importante no reforço da família e das suas funções. Um dos problemas mais importantes do mundo atual é a ocorrência de crises de identidade na família. A perda de direção e de sentido da vida preocupa as pessoas e leva-as a desesperar com os problemas da vida pessoal e familiar. A promoção das crenças dos membros da família, especialmente dos pais, pode salvar as famílias das crises.
4) Continuação e consolidação do parentesco: Atualmente, cada vez mais famílias na sociedade formam famílias nucleares (constituídas por pais e filhos). A falta de relações com outros parentes, especialmente com as famílias principais do marido e da mulher, faz com que os parentes não recebam apoio emocional e material especial para vários problemas da vida familiar. No entanto, devido à ligação afectiva estreita e profunda com a família nuclear, os familiares podem dar-lhes o melhor apoio; por isso, podemos classificar a família em classes. A família de primeiro grau é constituída pela mulher, o marido e os seus filhos. A família de segundo grau inclui um homem, a sua mulher e os seus filhos, bem como os seus

pais ou os pais da sua mulher. A família de terceiro grau inclui os irmãos. Ao promover este tipo de compreensão da família, não só as relações familiares são melhoradas e os problemas da vida são mais bem geridos, como também as relações de parentesco podem ser vistas de forma mais eficaz.

5) O controlo da utilização dos meios de comunicação na família é a única forma de manter a coesão familiar e evitar a sua rutura através da comunicação virtual. Uma vez que o controlo do topo para a base (filtragem) é geralmente fácil de neutralizar, a melhor forma de educar a família é promover uma cultura adequada e uma utilização sensata dos meios de comunicação. A utilização do ciberespaço, em termos quantitativos e qualitativos, deve ser moderada e deve ser elaborado, de acordo com os membros da família, um calendário específico para a utilização dos meios de comunicação social.

3- Atenção à verdadeira personalidade da mulher na família

O papel das mulheres na história é inegável. É apenas uma questão de tempo até que as mulheres tenham criado as condições para provar a sua existência. As conquistas da industrialização e da nova vida permitiram-lhes evoluir de um bem secundário para um fator importante nas actividades modernas. A mudança no modo de vida humano e a moderna divisão do trabalho nas novas sociedades e a justiça social são uma das exigências constantes das mulheres nos seus esforços incessantes para obterem uma atenção socialmente adequada e compensadora. Embora a luta persistente das mulheres contra as barreiras sociais tenha resultado em alguns direitos à sua participação séria num processo social, numa percentagem inferior à dos homens.

O reconhecimento do estatuto e dos direitos das mulheres como expressão da igualdade humana, que tem em conta os aspectos individuais e sociais das mulheres enquanto activistas sociais e a assunção das suas responsabilidades, promove a utilização das competências das mulheres pela sociedade e permite um desenvolvimento sustentável e equilibrado. Porque as mulheres são responsáveis pela sociedade e pela mudança da sua forma de pensar.

Os pensadores da questão feminina estão sempre em busca de um movimento reformista. Talvez um dos temas desses movimentos seja o de que as mulheres, embora negligenciadas, são responsáveis e devem reconhecer sua responsabilidade histórica de mostrar que a prosperidade e a situação das nações dependem da existência das mulheres.

O facto de a educação dos filhos pela mãe ter um impacto direto na comunidade é inegável e não precisa de mais explicações. Quando as mães criam filhos morais e inteligentes, a sociedade caminha para o progresso e a prosperidade. Os males sociais que se verificam em muitas sociedades actuais devem-se à negligência dos pais na educação e orientação dos seus filhos.

De facto, a mulher pode desempenhar um papel fundamental em casa e, como gestora eficaz, pode garantir que o lar seja um lugar de paz, amor, afeto e segurança, de forma eficiente e tranquila. Esta é, sem dúvida, uma das tarefas mais difíceis para evitar a agitação familiar. Se a casa não for gerida de forma eficiente, os membros da família, especialmente as crianças, sofrerão e ficarão frustrados e desiludidos.

Deus colocou na mulher os sentimentos profundos e puros do amor e do afeto, e ela está pronta, com a sua grande e calorosa personalidade, a controlar esse amor e esse afeto em casa e a facilitar os maiores problemas aos seus filhos. A mulher é como um pilar sólido da família que, apesar de existir em casa, não tem lugar para a violência.

Temos de nos certificar de que as responsabilidades domésticas não são vistas como desemprego ou como uma tarefa. Ao darmos mais tempo aos supervisores e gestores, permitimos que uma mãe crie os seus filhos com o seu precioso tempo livre, sabedoria e compreensão. Trazer a alegria de estar junto da família, da mulher e dos filhos, com paciência e calma.

Neste ponto, gostaria de acrescentar que nunca é demasiado tarde para começar. Se uma mulher decidir fazer um novo plano de vida, irá certamente fazê-lo bem e obter um resultado digno.

4. diálogo cultural mundial

A transferência de pensamento e de cultura é um dos resultados mais importantes do diálogo entre civilizações e, de facto, o principal objetivo do diálogo é transmitir ideias superiores a outras sociedades e nações, ou explicar e trocar ideias e concepções entre nações.

A transferência de pensamento e de cultura é lógica se for efectuada através de explicações racionais, que são, naturalmente, muito úteis e necessárias. Outra forma de transferir pensamentos e cultura, como o método de imposição, engano e fraude ao longo da história, não é uma forma adequada para a transferência de pensamentos e foi rejeitada e combatida por outras culturas.

A teoria do diálogo cultural entre civilizações foi utilizada nos tempos modernos pelo Presidente iraniano Mohammad Reza Khatami como doutrina política na diplomacia do seu governo. Esta teoria foi muito bem acolhida pelas sociedades internacionais. Antes de Khatami, Tony Blancheon também tinha formulado a teoria da interação entre civilizações.

A antítese do diálogo cultural é a teoria do choque de civilizações, que foi apresentada em 1992 pelo conhecido politólogo americano Samuel Huntington, publicada num artigo em 1993 e num livro em 1996. Antes de Huntington, a expressão "choque de civilizações" já tinha sido cunhada por Albert Camus em 1946 e por Bernard Lewis em 1990.

A expressão "Diálogo das Civilizações" foi introduzida na Cimeira das Nações Unidas de setembro de 1998 e referida como "Diálogo das Civilizações" numa declaração de 2001. Posteriormente, em fevereiro de 1999, o Governo iraniano criou o Centro Internacional para o Diálogo das Civilizações para coordenar as actividades do Diálogo das Civilizações.

Khatami apresentou esta ideia em discursos proferidos na UNESCO, nas Nações Unidas e no livro "Dialogue of Cultures".

No livro "Diálogo das Civilizações", ele diz

O diálogo das civilizações quer proclamar o fim de uma vida cheia de discriminação, duplicidade, guerra e destruição e um novo caminho na vida humana, um caminho que deve ser alcançado com os esforços da nova geração de paz e reconciliação. A vida desejável é a vida livre de mentiras, enganos, violência e discriminação, e esta é a vontade da natureza humana. [46]O diálogo das civilizações é, de facto, o início de um florescimento da natureza humana; o homem é justo por natureza e ama a beleza.

O diálogo das civilizações e a política de desanuviamento vêm juntar-se aos objectivos acima referidos. Outro objetivo é a eliminação de uma terrível ilusão no domínio das relações internacionais. As grandes potências sempre criaram a ilusão de um grande inimigo e puderam assim justificar muitos dos seus comportamentos injustos no mundo. De facto, "A Declaração de Pensamento" é uma introdução aos objectivos que podem ser resumidos em alguns ensaios:

1. Alcançar perspectivas comuns em áreas conceptuais e aplicadas do "melhor modo de vida" baseado na cultura indígena das nações.

2. Restauração e reconhecimento dos pontos fortes e fracos das civilizações existentes, tanto em termos conceptuais como aplicados.

3. Cooperação e colaboração entre nações para aproveitar os pontos fortes e corrigir os pontos fracos e para utilizar a experiência e as oportunidades de cada um neste domínio.

[46] Khatami, Seyyed Mohammad (2001), Dialogue of Civilisations, Teerão, editora Tarhe nou

Referências

1) Abdulhamid, Mohsen (2001), Globalisation from an Islamic Perspective, Pegah Hozeh Weekly, n.º 37.

2) Afrough, Emad (2008), We and Globalisation, Teerão, Surah Mehr.

3) Akhavan Zanjani, Dariush (2002), Globalisation and Foreign Policy, Teerão, Ministério dos Negócios Estrangeiros.

4) Alborou, Martin (2002), Era of Globalisation, Sociology of the Phenomenon of Globalisation, traduzido por Nader Salarzadeh Ahmadi, Teerão, Azad Andishan Publishing House.

5) Amini, Ibrahim (2013), Islam and Education, BostanBook.

6) Bayat, Abdul Rasul e outros (2007), Dicionário, Volume 3, Qom, Pensamento e Cultura Islâmicos.

7) Braden Kathleen e Fred Shelley (2005), Pervasive geopolitics, trad: Alireza Farshchi e Hamid Reza Rahnama, Teerão, Publishing the Great War.

8) Clarkean, Yan (2003), Globalisation and Theory of International Relations, traduzido por Faramarz Taghi Leo, Teerão, Centro de Impressão e Publicação do Ministério dos Negócios Estrangeiros.

9) Crober Klid keakhouncklist, (1952), A Critical Review of Concepts and Definitions.

10) Golmohammadi, Ahmad (2007), Globalisation of Culture-Identity, Volume 3, Teerão, Nasrin.

11) Griffith Martin (2009), Encyclopedia of International Relations and World Politics, tradutor Alireza Tayeb, Teerão, Ney Publishing.

12) Eftekharie, Asghar, (2001), Segurança Nacional, Estudos Estratégicos, Volume 4, Número 14.

13) Hadian, Hamidian (2007), The Status of Governments in the Process of Globalisation (with the Strong Emphasis on Iran).

14) Harper Douglas, dicionário online, 2001

15) Hafez Nia, Mohammad Reza (2010), The Impact of Globalisation on the Borders, Journal of the Fourteenth, No. 3.

16) Hejazi, Mohammad Hassan (2001), Globalisation and Religion (coleção de artigos), Teerão, Irão.

17) Ja'fari, Mohammad Taghi (2000), Victory Culture and Leading Culture, Teerão, Allameh Majlisi Institute of Compile and Works.

18) Ja'fari Dolatabadi, Abbas, (2010), From National Security to Human Security, Teerão. Revista mensal baixa e jurídica n.º 4.

19) Jamali, Mostafa (2003), Globalisation and Religion (Proceedings), Teerão, Irão, p. 331.

20) Jasbi, Abdullah (2002), Informações gerais sobre a globalização, Teerão, Gabinete da Cultura da Resistência.

21) Jan Arth (2007), A Careful View on the Phenomenon of Globalisation, traduzido por Masoud Karbassian, Volume 22, Teerão, Ciência e Cultura.

22) Khatami, Seyyed Mohammad (2001), Dialogue of Civilisations, Teerão, Editora Tarhe Nou.

23) Mansouri, Javad (1991), Cultural War Against the Islamic Revolution, Mashhad, Astan Quds Razavi Institute.

24) Mesbah Yazdi, Mohammad Taghi (2002), Cultural Invasion, Research and Study by Abdoljavad Ebrahimi, Volume 8, Qom, Imam Khomeini Educational and Research Institute.

25) Moayedfar, Saeed (2003), Globalisation and Religion (Sessões), Qom, Ehyagaran.

26) Enciclopédia Moen, Cultura.

27) Mojtahedzadeh, Pirouz, (2000), Geopolitical Ideas and Reality of Iran, Teerão, Ney Publishing.

28) Moohadeniya, Fereidoun (2003), Factors of Young Adult and Young Generation Orientation to Alien Culture, Qom, Centre for Sound and Television Islamic Studies.

29) Muir Richard (2000), New Approach to Political Geography, traduzido por Mirraheydar Dareh e Yahya Safavi, Teerão, Organização Geográfica das Forças Armadas.

30) Naeeb, Saeed (2000), Globalisation of the Economy and Multinational Companies, Quarterly Journal of Global Foreign Policy, n.º 14.

31) Nash Kate (2001), Contemporary Political Sociology, traduzido por Mohammad Taghi, Teerão, Kavir Publishing House.

32) Rahbari, Mehdi, (2009), Impact of globalisation on national security, Journal of Economic Policy n.º 268.

33) Rosena James, (2003), The Chaos Universe, traduzido por Alireza Tayeb, Teerão, Instituto de Estudos Estratégicos.

34) Roshan, Ali Asghar e Nour Allah Farhadian (2006), Dictionary of Political-Military Geography, Teerão, Imam Hossein University Press and Publishing Institute.

35) Rouhulamini, Mahmoud (2015), The Context of Cultural Studies in Cultural Anthropology and Anthropology, Teerão, Attar Publishing.

36) SariAlghalam, Mahmoud (2005), Iran and Globalisation, Teerão, Centro de Investigação Estratégica.

37) Seyfzadeh, Ahmad (2001), Globalisation of Poverty and Misery, Teerão, Known Publication.

38) Shojaee Zand, Alireza (2003), Globalisation and Religion, Methods and Challenges (coleção de ensaios), Qom, Secretariado Nacional de Estudos Religiosos.

39) Sholt, Jan R., (2003), A Careful View of the Globalisation phenomenon, traduzido por Massoud Karbassian, Teerão, Scientific and Cultural.

40) Yazdinezhad, Zahra (2008), Cultural Nation, Basij Journalists Collection, Teerão, Khorshid Baran Publishing.

Índice

More Books!

yes

I want morebooks!

Buy your books fast and straightforward online - at one of world's fastest growing online book stores! Environmentally sound due to Print-on-Demand technologies.

Buy your books online at
www.morebooks.shop

Compre os seus livros mais rápido e diretamente na internet, em uma das livrarias on-line com o maior crescimento no mundo! Produção que protege o meio ambiente através das tecnologias de impressão sob demanda.

Compre os seus livros on-line em
www.morebooks.shop

info@omniscriptum.com
www.omniscriptum.com

OMNIScriptum

MIX
Papier aus verantwortungsvollen Quellen
Paper from responsible sources
FSC® C105338

Printed by Books on Demand GmbH, Norderstedt / Germany